UN DUEL

DE FEMMES

PIÈCE BOUFFE EN UN ACTE

PAR

LACOMBE et Ant. QUEYRIAUX

Représentée pour la première fois à Paris, sur le Théâtre Déjazet
le 20 janvier 1888.

Net 1 fr.

PARIS

EMILE BENOIT, ÉDITEUR

13, Faubourg St-Martin, 13

UN DUEL
DE FEMMES

PIÈCE BOUFFE EN UN ACTE

PAR

LACOMBE ET ANT. QUEYRIAUX

Représentée pour la première fois à Paris, sur le Théâtre Déjazet
le 20 janvier 1888.

Net 1 fr.

PARIS

EMILE BENOIT, ÉDITEUR

13, Faubourg St-Martin, 13

—

DISTRIBUTION :

GOUTCHER, maître d'armes, 40 ans .	MM. Roussel
BOURLU, amant de Rainette, 50 ans.	Stebler
PAINBIS, amant de Blanche, 50 ans.	Jouvé
RABOT, prévot d'armes, 30 ans	Bréban
BLANCHE 25 ans.	Mlles Roche
RAINETTE 20 ans..	Giescz

UN DUEL DE FEMMES

Le théâtre représente une cour ou un jardin. — Porte au fond — A droite, 1er plan, un écriteau portant : Tir. — 2e plan, autre écriteau portant: Salle d'armes. — Toutes les indications sont prises du côté du jardin. — Droite du côté de l'artiste en scène.

En tête de chaque scène, les artistes occupent les numéros qu'ils doivent tenir, et chaque changement est indiqué au fur et à mesure qu'il se présente.

SCÈNE PREMIÈRE

GOUTCHER, RABOT.

GOUTCHER

Ainsi, c'est une affaire faite! maintenant que te voilà libéré du service. je t'occupe ici. Tu tiendras le tir, et tu m'aideras à donner des leçons d'escrime à mes élèves.

RABOT

Comme au régiment, alors, quand vous étiez mon sergent maître d'armes et que j'étais votre prévôt.

GOUTCHER

C'est ça!... ça te convient-il ?

RABOT

Oui, sergent.

GOUTCHER

Et puis, il faudra que tu m'aides dans certaines manigances. Indépendamment de mon tir et de ma salle d'armes, j'ai un truc, un fourbi.

RABOT

Ça ne m'étonne pas, sergent, vous avez toujours été un truqueur.

GOUTCHER

Je suis du midi. Voilà mon fourbi: Dans mon établissement qui est vaste, je loue des places et le matériel nécessaire pour ceux qui veulent se battre en duel !

RABOT

Ça, c'est roublard.

GOUTCHER

Pour se battre en duel, tout le monde n'a pas le
temps et les moyens de se transporter à la frontière ;
tandis qu'ici, à la porte de Paris...

RABOT

C'est vrai ! c'est plus commode.

GOUTCHER

Aussi, je fais beaucoup d'affaires ! voilà pourquoi
j'ai besoin de tes services pour m'aider dans ces duels.

RABOT

Et la police ne dit rien ? J'aurais cru que c'était dé-
fendu.

GOUTCHER

Oui, peut-être bien que si la police le savait... mais
elle ne s'en doute même pas !

RABOT

Et, s'il arrivait quelque malheur ?

GOUTCHER

Il ne peut pas en arriver ; le règlement de ma maison
s'y oppose ! Pour les duels au pistolet, je suis seul res-
ponsable de la charge des armes et je n'y mets jamais
de balles.

RABOT

Ah ! oui, comme ça...

GOUTCHER

Pour les duels à l'épée, je suis témoin de droit ! je
place les adversaires à une belle distance, je suis le
combat et je relève les coups.

RABOT

Alors. . pour sûr. . que...

GOUTCHER

Néanmoins, j'ai encore des inquiétudes, mais avec toi
plus rien à craindre, nous relèverons les coups chacun
de notre côté.

RABOT

C'est vrai ! mais ça conviendra-t-il aux adversaires ?..

GOUTCHER

Ils en seront enchantés ! moins il y a de dangers,
plus ils sont enragés pour se battre !

RABOT

Oui, comme ça, ça peut aller. Il n'y a aucun danger.

GOUTCHER

Non !... Seulement, il ne faut pas que ça se sache ! il faut laisser croire qu'il y en a, qu'il y en a beaucoup même !..

RABOT

Alors, il n'est jamais rien arrivé ?...

GOUTCHER

Non !... aussi, j'ai une bonne clientèle !... Tiens, aujourd'hui, nous avons deux rencontres : Une au pistolet, pour hommes, et l'autre à l'épée, pour dames.

RABOT

Un duel de femmes, ça doit être rigolo ?

GOUTCHER

C'est la mode aujourd'hui. Tu verras ça !

RABOT

Tiens ! ça me fera plaisir...

GOUTCHER

Mais... de la tenue !

RABOT

Oh ! soyez tranquille, sergent !

GOUTCHER

Ne m'appelle donc pas sergent, maintenant que je ne suis plus sergent, ni toi, caporal. Nous sommes des pékins, des civils ! Voyons, est-ce que nous avons l'air d'être des militaires ? Toi surtout, le costume civil te va comme un gant.

RABOT

C'est donc pour ça que vous m'en avez acheté trois complets chez Godchaux, faubourg Montmartre.

GOUTCHER

Non, les deux autres c'est pour le matériel de la maison. Comme il arrive quelquefois qu'on manque de témoins, je vais jusqu'à la caserne, je m'arrange avec des hommes, je les habille en bourgeois, et ça fait mon affaire.

RABOT

Oh! vous avez toujours été truqueur, vous, sergent !

GOUTCHER

Mais ne m'appelle donc pas sergent. — Ici, tout le monde croit que j'étais capitaine, et tout le monde m'appelle capitaine.

RABOT

Bien, sergent. Je vous appellerai capitaine.

GOUTCHER

Oui, ça fait mieux pour mon établissement. Là, maintenant que te voilà au courant, donne un petit coup de fion ici ; moi, je vais préparer les armes pour les rencontres d'aujourd'hui. (il sort coté du jardin.)

SCÈNE II
RABOT, BLANCHE, PAINBIS

RABOT

Ça me va, moi, c'te position là ! bien nourri, bien habillé, bien logé, et rien de désagréable à faire...

BLANCHE, entrant avec Painbis, à Rabot.

Le capitaine Goutcher ?

RABOT

C'est ici, madame.

BLANCHE

Je sais bien que c'est ici ; mais où est-il, lui ?

RABOT

Ah ! il est dans la salle d'armes.

BLANCHE

Allez le chercher, et ne le ramenez pas tout de suite. J'ai une explication à avoir avec monsieur... seul.

RABOT, à part

En voilà une qui ne paraît pas gênée !

BLANCHE

Allons, laissez-nous !

RABOT

Voilà, madame, voilà ! (il sort.)

PAINBIS

Mais ma bonne amie, tu fais un bruit... l'on croirait que nous allons nous battre !

BLANCHE

Mais, je l'espère bien, que nous allons nous battre !
Du reste, vons ne pouvez plus reculer. Tenez, écoutez
l'article du journal. (Elle développe un journal).

PAINBIS

Quel article de journal ?

BLANCHE

Un article annonçant votre rencontre, avec le détail
des motifs qui ont nécessité ce duel.. plus moyen de
reculer, à moins de passer pour un lâche... ce que je
ne permettrai pas !...

PAINBIS

Mais, franchement, ma bonne amie, vous me lancez
dans une affaire...

BLANCHE

Ce n'est pas moi, c'est bien vous qui vous y lancez.
Pourquoi faites-vous la cour à mon amie ? Naturellement son amant jaloux vous provoque...

PAINBIS

Mais, je ne fais pas la cour à votre amie.

BLANCHE

Alors, pourquoi vous êtes-vous fâché avec Bourlu ?

PAINBIS

Parce qu'il vous faisait la cour à vous.

BLANCHE

Enfin bref ! parce que vous étiez jaloux l'un de l'autre, vous vous êtes disputés, souffletés, provoqués en
duel, et pris rendez-vous pour aujourd'hui.

PAINBIS

Eh ! bien, oui !... mais ça se serait terminé là, si
vous n'aviez pas envenimé les choses !

BLANCHE

C'est à dire que vous craignez de vous battre ! mais
Bourlu est moins poltron, il tient à se couper la gorge
avec vous.

PAINBIS

Je suis sûr qu'il n'y tient pas plus que moi !

BLANCHE

Eh! bien, nous y tenons nous, sa maîtresse et moi;
et nous y tenons, tellement que nous allons nous battre
nous-mêmes !

PAINBIS

Mais c'est insensé ! vous ne ferez pas cela!...

BLANCHE

Nous ne ferons pas cela !... Voyez l'article du journal, c'est annoncé ! (lisant). — « Deux duels assez sin-
guliers doivent avoir lieu simultanément. Un quatuor
d'amants et maîtresses, à la suite de choses graves, se
sont provoqués en duel. La rencontre, paraît-il, devra
être très sérieuse, les deux dames étant surtout très
animées l'une contre l'autre. Nous tiendrons nos lec-
teurs au courant du résultat de ces deux rencontres ».

PAINBIS

Mais qui donc a fait cette insertion ?

BLANCHE

Moi !.. Et c'est moi qui ferai le compte-rendu en nom-
mant les masques, s'il le faut !...

PAINBIS

Mais, ma bonne amie, moi, je n'en veux pas à Bourlu. Il m'a donné un soufflet, je le lui ai rendu, nous sommes quittes. Il n'y a pas besoin de faire tant de bruit
pour ça !

BLANCHE

Mais moi, j'en veux du bruit ! C'est monotone et mor-
tel de vivre tranquillement sans que personne ne parle
de vous. Je veux qu'on parle de moi!...

PAINBIS

Mais, ma bonne amie !...

BLANCHE

J'ai dit ! arrangez vous ! votre adversaire va arriver !

(Elle sort par le fond par où elle est entrée).

SCÈNE III
PAINBIS, seul ; puis GOUTCHER

PAINBIS

Me voilà dans une jolie position! Il va falloir se battre !.. Ce n'est pourtant pas la peur de me battre qui

me tourmente: c'est la crainte qu'il ne m'arrive un malheur! Ah si j'étais sûr qu'il ne m'arrive rien! ça me serait bien égal!...

GOUTCHER, sortant de la salle d'armes et saluant

Monsieur, mon prévôt m'a dit qu'une dame et un monsieur désiraient me parler...

PAINBIS

Ah ! c'est vous, monsieur, qui êtes le chef de cet établissement ?

GOUTCHER

Oui, monsieur.

PAINBIS, à part.

Tiens ! si je pouvais trouver un biais ! (haut). Monsieur. Je viens pour une affaire...

GOUTCHER

D'honneur ?... un duel, n'est-ce pas ?

PAINBIS

Oui, monsieur!

GOUTCHER

Justement, j'étais en train de m'en occuper. Vous êtes l'un des adversaires ?

PAINBIS

Non, monsieur. Je ne suis que témoin, et je viens vous trouver au préalable...

GOUTCHER

Monsieur, je suis tout à vous.

PAINBIS

Monsieur, je voudrais prendre avec vous quelques arrangements, afin que dans ce duel, il n'arrive pas de malheur !

GOUTCHER

Mon Dieu, monsieur, vous savez l'on ne peut jamais répondre de rien !

PAINBIS

Certainement.. Cependant vous êtes, d'après les règlements de votre maison, chargé de préparer les armes. Eh! bien, si vous vous arrangiez de façon.....

GOUTCHER

A ne pas mettre les balles dans les pistolets...

PAINBIS

Oui, par exemple...

GOUTCHER

Ce n'est pas impossible ! A moins que des témoins clairvoyants.

PAINBIS

Mais puisque vous fournissez le matériel nécessaire, vous pourriez fournir les témoins !...

GOUTCHER

De votre côté, peut-être, puisque vous y consentiriez ; mais votre adversaire doit avoir les siens.

PAINBIS

Il y aurait peut-être moyen de s'entendre avec eux !

GOUTCHER

C'est à voir !... Seulement, cela nécessitera une foule de démarches, et je serai forcé de vous prendre plus cher.

PAINBIS

Qu'à cela ne tienne !

GOUTCHER

Vous comprenez, si je tombe sur des témoins qui tiennent à l'honneur de leur client...

PAINBIS

Mais son honneur n'aura pas à en souffrir, puisqu'il ignorera tout !... Du moment qu'il ignore qu'il n'y a pas de danger, il montre autant de courage que s'il y en avait.

GOUTCHER

Sans doute .... je ne dis pas... mais il ne faudra pas moins faire des démarches qui seront pénibles !..

PAINBIS

En payant bien...

GOUTCHER

Soit ! alors, ce sera cent francs. Cinquante francs pour le duel et les fournitures, et cinquante francs pour les démarches.

PAINBIS

Alors, vous voulez-bien vous en charger ?

GOUTCHER

Je ferai tout mon possible, mais, je vous recommande
la plus grande discrétion...

PAINBIS

Soyez en persuadé... A tout à l'heure donc!... C'est
pour deux heures, n'est-ce pas ? (il va pour sortir).

GOUTCHER, l'arrêtant

Pardon, mais pour la note, il serait peut-être bon de
la régler d'avance, s'il arrivait un malheur...

PAINBIS descend n° 2

Comment un malheur ? mais il ne peut pas en arriver,
si vous obtenez ce que je demande.

GOUTCHER

Sans doute! mais c'est dans le règlement de payer
d'avance. Vous comprenez qu'on ne pourrait pas aller
réclamer ça à des héritiers !...

PAINBIS

Enfin, soit ! je veux bien en faire l'avance, quoique je
ne sois que témoin. Voilà cent francs. (Il donne un billet).

GOUTCHER

Oui, vous les réclamerez à votre client, s'il n'est pas
tué.

PAINBIS, en sortant

A tout à l'heure !...

SCÈNE IV

RABOT, GOUTCHER, puis BOURLU.

RABOT, entrant par la salle d'armes

Sergent... (se reprenant) Capitaine, il y a là les deux
truffards que vous avez fait demander pour être
témoins... ils sont dans la salle.

GOUTCHER.

Fais-les s'habiller ! justement, nous allons en avoir
besoin... (regardant sa montre). Onze heures, c'est le rendez-vous pour le duel de femmes... va vite !... (Rabot
entre dans la salle).

BOURLU, entrant du fond, avec une boîte à pistolets, à Goutcher.

Monsieur Goutcher, s'il vous plaît ?

GOUTCHER

C'est moi, monsieur !

BOURLU

Monsieur, je viens pour une affaire...

GOUTCHER

D'honneur... affaire Bourlu-Painbis...

BOURLU

Oui, monsieur.

GOUTCHER

Mais, ce n'était que pour deux heures, je crois...

BOURLU

Je viens un peu à l'avance pour m'entendre avec vous.

GOUTCHER

Monsieur est un des adversaires?

BOURLU

Non, monsieur, témoin seulement.

GOUTCHER

De quoi s'agit-il ?

BOURLU

Monsieur, n'ayant pas jugé que dans cette affaire, il soit indispensable qu'il arrive un malheur, j'ai cru devoir au préalable, faire avec vous un petit arrangement pour l'éviter...

GOUTCHER

Je ne demande pas mieux, monsieur.

BOURLU

En conséquence, j'ai apporté les pistolets. Ils ne sont pas chargés à balles, et nous serions désireux que vous employassiez toute votre autorité... pour que ces armes soient choisies...

GOUTCHER

Mon Dieu, monsieur, c'est grave ce que vous me demandez là; si c'est possible, je ne demande pas mieux!.

BOURLU

Seulement, il est inutile de mettre les adversaires dans la confidence, et du moment qu'ils ignorent qu'il n'y a pas de danger, ils montrent autant de courage que s'il y en avait !

GOUTCHER

Naturellement !.

BOURLU

Alors, c'est convenu ! Vous ferez accepter les armes que j'apporte ?

GOUTCHER

Dam ! je tâcherai !... mais les témoins ne viendront-ils pas vérifier les armes ?

BOURLU

Jusqu'à présent il n'y a que moi de témoin.

GOUTCHER

Ah ! très bien !... je fournirai l'autre, et ça s'arrangera. Seulement, cela entraînera peut-être quelques frais... et ça coûtera plus cher...

BOURLU

Qu'à cela ne tienne !...

GOUTCHER

Alors, comptez sur moi !

BOURLU

A tout à l'heure !... A deux heures !...

GOUTCHER

Pardon, pour la note, il serait peut-être nécessaire de régler d'avance, s'il arrivait malheur à votre client.

BOURLU

Mais il ne peut pas arriver de malheur... si vous acceptez nos armes ..

GOUTCHER

Sans doute! mais c'est le règlement de la maison.

BOURLU

Allons, soit ! je vais en faire l'avance. Combien est-ce?

GOUTCHER

Cent francs. Je vous donnerai un reçu. Cela fait que vous pourrez réclamer cette somme à votre client ou à ses héritiers, s'il était tué... mais espérons que non.

BOURLU

Ah ! à la bonne heure!..(il lui donne un billet. — En sortant). A deux heures!..

GOUTCHER

A deux heures ! (il le reconduit).

SCÈNE V

RABOT, GOUTCHER, puis BLANCHE et RAINETTE.

RABOT, sortant de la salle

Sergent, non capitaine... les hommes sont prêts.

GOUTCHER

Bien, je vais voir comment ils sont, et leur indiquer ce qu'ils ont à faire (il sort).

RABOT

Je les ai fait s'habiller. Y sont pas trop mal ! pas aussi bien que moi, par exemple ! quand ma payse va me voir comme ça, elle va être épatée !...

BLANCHE, entrant avec Rainette.

Allons, entre, on dirait que tu as peur !

RAINETTE

Non ! je n'ai pas peur !

BLANCHE, à Rabot.

Peut-on parler à M. Goutcher ?

RABOT

Oui, madame. Tiens c'est la toquée de tout à l'heure·

BLANCHE

Faites-lui savoir que les dames qu'il attend sont arrivées.

RABOT

Bien, madame j'y vais. (il sort).

RAINETTE

Ça me fait un drôle d'effet de penser que peut-être nous allons nous battre !

BLANCHE

Comment, peut-être ?... mais assurément que nous allons nous battre !... Ce sera un excellent moyen pour raviver la flamme de nos amoureux !

RAINETTE

Je ne dis pas non ; mais j'aurais mieux aimé essayer d'un autre moyen...

BLANCHE

Tous les autres moyens sont rococos et banals, tandis que celui-là fera parler de nous.

RAINETTE

Oui, mais se battre pour des hommes, ils n'en valent pas la peine ! quel mauvais effet cela va faire !

BLANCHE

Un duel de femmes c'est très bien porté !... nous en trouvons l'occasion, profitons-en!..

RAINETTE

Mais, c'est que c'est très dangereux !

BLANCHE

Dangereux ! dangereux !... tu ne lis donc pas les journaux ? tous les jours il y a des compte-rendus de duels, et il n'arrive jamais rien de grave.

RAINETTE

C'est que, pense donc, une épée, ça pique ! j'oserai jamais toucher à ça !

BLANCHE

Eh ! bien, battons nous au pistolet !

RAINETTE

Au pistolet !... c'est encore pire !... comment voudrais-tu que je fasse pour le tenir ! Quand je vois qu'on va tirer un coup de pistolet, il faut que je me bouche les deux oreilles !

BLANCHE

Eh ! bien, nous prendrons l'épée. Tu pourras toujours bien la tenir !... Et puis moi, j'aurai soin de ne pas te faire de mal!..

RAINETTE

Oui, mais tu peux m'en faire tout de même.

BLANCHE

Tiens ! il y a un moyen auquel j'ai pensé : J'ai sur moi ma petite boîte de maquillage dans laquelle il y a de la poudre de riz et du rouge à lèvres...

RAINETTE

Eh bien ?

BLANCHE

Tu tiendras le crayon de rouge de la main gauche, et au moment donné tu te feras une grande balafre au bras droit et, comme c'est au premier sang, l'honneur sera satisfait.

RAINETTE

Alors, nous ne ferons que semblant de nous battre?

BLANCHE

Oui, mais il faudra avoir l'air d'y mettre de la rage
pour effrayer la galerie et faire parler de nous !...

RAINETTE

Ah ! c'est égal, j'aurais préféré un autre moyen.

BLANCHE, bas.

Voici quelqu'un, ayons l'air de nous disputer et nous
menacer (Haut). Vous n'êtes qu'une grue !...

RAINETTE

Ah ! mais, dites donc!... (Elles se menacent).

SCÈNE VI

BLANCHE, GOUTCHER, RAINETTE.

GOUTCHER, venant au milieu ,comme pour les séparer.

Mesdames, mesdames!... calmez-vous !...vous n'êtes
donc pas assistées de témoins qui puissent vous tenir à
distance ?

BLANCHE, elle le repousse et passe n⁰ 2.

Des témoins ? .. Est-ce que nous avons besoin de témoins, nous?... C'est bon pour vos poltrons d'hommes
d'avoir besoin de témoins afin de concilier, arranger les
affaires... et empêcher de se battre!.. nous, ne voulons
pas d'arrangements, et nous voulons nous battre !...
(A Rainette bas) Va donc, toi !...

RAINETTE

Oui, nous voulons nous battre !...

GOUTCHER

Mesdames, puisque vous voulez vous battre... vous
vous battrez !...

BLANCHE

Oui, et tout de suite !... (à Rainette). Mais va donc,
toi !

RAINETTE

Oui, tout de suite !...

GOUTCHER, repassant au milieu.

Mais pourtant il vous faut des témoins !... Où sont vos témoins ?

BLANCHE

Eh ! bien procurez-nous en !... puisque vous devez fournir le matériel nécessaire ! (à Rainette). Va donc ! toi.

RAINETTE

Oui, procurez-nous en !...

GOUTCHER, repassant au milieu.

C'est que j'ai bien des témoins mâles, mais pas de témoins femelles !...

BLANCHE

Eh ! bien, procurez-nous des témoins mâles.. Les hommes ne nous font pas peur !...

RAINETTE

Non, ils ne nous font pas peur !..

BLANCHE

Tenez, voilà cent francs, retenez-les... payez-les!...

GOUTCHER, à part

Sapristi ! quelles gaillardes !... (il prend l'argent).

BLANCHE

Du reste, vous, ça suffirait comme témoin.

GOUTCHER

Non !.. non ! bigre !... attendez, j'ai votre affaire !.. (à part). Seulement, je ne veux pas les laisser seules.... elles s'écharperaient! (appelant) Rabot ! Rabot !...

RABOT, du dehors

Capitaine !..

GOUTCHER

Amène les hommes.

RABOT, du dehors

Oui, capitaine.

GOUTCHER.

Au fait, j'y pense... Aimez-vous mieux vous battre dans la salle d'armes ?

BLANCHE

Non, en plein air... Ici... N'importe où... (à Rainette). Va donc, toi !..

RAINETTE

Oui, n'importe où !..

GOUTCHER

Bien, mesdames ! bien, calmez-vous ! quelles enragées !..

SCÈNE VII
RABOT, GOUTCHER, BLANCHE, RAINETTE DEUX TÉMOINS

RABOT

Sergent !.. (se reprenant). Capitaine, voilà les hommes !... (Deux soldats habillés en bourgeois paraissent sur la porte).

GOUTCHER

Mesdames, voici deux hommes qui, joints à nous deux, peuvent compléter les quatre témoins nécessaires. Voulez-vous les accepter ?

BLANCHE

Nous nous en fichons pas mal !... Ils ne sont pas beaux !

RAINETTE

Ils sont même très-laids !..

BLANCHE

Mais, nous les acceptons !..

GOUTCHER, entre Blanche et Rainette après avoir placé les deux hommes au fond.

Maintenant, expliquez vos griefs ! il est nécessaire que les témoins jugent si un duel est indispensable !..

BLANCHE

Nous n'avons pas le temps ! qu'est-ce que ça peut vous faire nos griefs? Nous vous payons pour nous faire battre, faites-nous battre ! Tenez, voilà cent francs !..

GOUTCHER

Mais, madame, ça ne peut pas se faire comme ça ! Les témoins sont en quelque sorte responsables et ne peuvent pas permettre que l'on s'entr'égorge s'il n'y a pas de motifs, d'injures graves, voies de fait... ou autres...

BLANCHE

Quoi ?.. quelles voies de fait ?

GOUTCHER

Un soufflet, par exemple !

BLANCHE

Un soufflet ? tenez, le voilà !... (Elle va pour le donner à Rabot).

GOUTCHER

Non, pas au témoin... à votre adversaire !..

BLANCHE

A mon adversaire ? voilà !.. (Elle le donne à Rainette en passant devant Goutcher.

RAINETTE, se révoltant

Ah ! mais dis-donc, toi !..

BLANCHE

Elle me tutoie !.. tu me tutoies !.. tiens !... (Elle va pour la souffleter encore ; Rainette lui arrête la main. Elles se bousculent un peu).

GOUTCHER

Mesdames ! mesdames !.. (Les deux soldats interviennent. Elles les bousculent également). Nous allons vous faire battre ! quelle est l'arme choisie : l'épée ?.. Le pistolet ?..

BLANCHE

L'épée... et ici !.. (à Rainette). Mais, va donc, toi !

RAINETTE

A l'épée... et ici !..

GOUTCHER

Bien !.. (à Rabot). Va chercher les épées. (bas). Prends en deux avec des boutons.

RABOT

Oui, sergent... capitaine. . (il sort).

Les femmes commencent à se déshabiller, retirent leurs chapeaux, leurs pardessus et les donnent aux soldats).

GOUTCHER, à part

Il va falloir faire attention avec ces gaillardes-là pour qu'il n'arrive rien !.. même avec des épées mouchetées, elles pourraient se crever les yeux ! (Pendant ce temps, elles ôtent leurs corsages et les donnent aux soldats).

RABOT, rentrant. — Il tient quatre épées, dont deux mouchetées.

Voilà les outils (il en donne deux à Goutcher et en garde deux).

GOUTCHER, à Rabot, bas

Tu sais, attention à relever les coups chacun de notre côté, qu'il n'arrive rien ?..

RABOT

Pas de danger, capitaine !..

GOUTCHER, aux dames qui sont restées en corsage collant.

Oh ! vous pouvez rester comme vous êtes ! Inutile de vous déshabiller davantage! (Il passe au-dessus et descend nº3)

BLANCHE

Allons donc, poitrine découverte! C'est pas un duel pour rire qu'il nous faut ?..

RAINETTE

Non, nous n'avons pas peur de nous découvrir !

RABOT, passe et descend entre Goutcher et Rainette

Mais, capitaine, laissez faire ces dames, le règlement exige la poitrine découverte !

GOUTCHER, aux dames

Ah ! comme vous voudrez ! Nous, ça ne nous gêne pas !..

BLANCHE

Au fait, si ça suffit, restons comme nous sommes !

RABOT, bas, à Rainette, en lui donnant une épée

Vous êtes forte ?

RAINETTE, croyant qu'il lui parle de sa taille

Oh ! pas trop, vous voyez. .

RABOT

Non, aux armes... Avez-vous pris beaucoup de leçons ? Qu'est-ce que vous avez de salle ?

RAINETTE, froissée

Mais, monsieur...

GOUTCHER, donnant une épée à Blanche .

Madame...

BLANCHE, examinant son épée

De quoi ! de quoi !.. des épées mouchetées !.. pour qui nous prenez vous donc ?

GOUTCHER

Pardon, mesdames, pardon !.. ces épées mouchetées sont pour les témoins qui suivent le combat. (Il lui donne une autre épée ainsi qu'à Rainette).

BLANCHE

Ah ! très bien !

GOUTCHER

Diable !.. nous allons avoir du coton.

RABOT

Oui... il y a du coton...

RAINETTE, qui croit que c'est à elle que cela s'adresse

Comment du coton ?..

GOUTCHER

Oui, parce que vous paraissez forte et déterminée...

BLANCHE

Oh ! oui...

GOUTCHER

Mais, nous arrêterons le combat quand nous jugerons l'honneur satisfait.

BLANCHE

Non ! non !.. au premier sang !.. Il faut du sang !.. (passant près de Rainette). N'est-ce pas, madame ? (comme lui donnant une poignée de main). (bas).Tiens,voilà le crayon rouge !..

RAINETTE

Oui, au premier sang ! (No 1 Goutcher, no 2 Blanche, no 3 Rainette, no 4 Rabot).

BLANCHE, reprenant sa place

Allons, en garde !..

(Goutcher les met en garde. Elles restent sans bouger ni déranger leurs épées. Pendant ce temps, Rainette qui tient le crayon rouge de la main gauche se fait une large balafre sur le bras droit et s'écrie :)

RAINETTE

Ah ! je suis blessée !..

GOUTCHER

Comment, blessée ? les épées n'ont pas bougé ! Elles sont restées croisées !

RAINETTE, lui montrant son bras

Tenez, voyez !...

GOUTCHER, à part

Elle se sera égratignée après une épingle ! J'aime autant ça !..

RAINETTE

Ah ! je sens que je vais me trouver mal !.. — (Rabot lui apporte une chaise. Elle s'assied).

BLANCHE, à Rainette

Mets de la poudre de riz !.. (à Goutcher). Ah ! comme elle est pâle ! quelle horrible blessure !..

GOUTCHER

Mesdames, l'honneur est satisfait !

BLANCHE

Vite, du secours ! un docteur !.. vous n'av.z pas un docteur dans l'établissement ?...

RABOT

Non, mais il y a une boîte de pharmacie dans la salle d'armes.

GOUTCHER

Vite, portez-la !.. (Les deux hommes l'emportent sur la chaise. Blanche et Rabot sortent).

SCÈNE VIII
GOUTCHER, BOURLU, PAINBIS

BOURLU, entre par le fond, en regardant sa montre

Deux heures !..

PAINBIS, entrant immédiatement

Deux heures !.. (Bourlu et Painbis se saluent). Vous voyez, monsieur, je suis exact !..

BOURLU

Moi aussi, je suis exact !..

GOUTCHER, venant au milieu d'eux

Oui, les témoins sont exacts, mais où sont les adversaires ?

PAINBIS

Pardon, monsieur, les adversaires : c'est nous !

GOUTCHER, bas, à Painbis

Mais, ne m'avez-vous pas dit que vous étiez témoin seulement ?

PAINBIS

Je vous ai dit cela pour sonder le terrain.

GOUTCHER, à part

Il m'a monté le coup !.. (à Bourlu). Et vous, monsieur, vous êtes sans doute l'adversaire de...

BOURLU

Oui, monsieur.

GOUTCHER, bas, à Bourlu

Mais, vous m'avez dit n'être que témoin ?

BOURLU

C'était pour me renseigner.

GOUTCHER, à part

Celui-là aussi !.. je vais leur faire payer ça !.. (haut).
Eh ! bien, alors, où sont-ils, vos témoins ? car il nous
en faut !..

BOURLU

Puisque vous devez fournir tout le matériel nécessaire...

GOUTCHER

Ah ! vous voulez que je fournisse les témoins... Soit !
je les ai là !.. (appelant). Rabot, amène les témoins. —
Je vais vous fournir deux témoins. Moi, et mon prévôt,
nous compléterons la paire.

PAINBIS

Eh! que nous importent les témoins ! Nous pourrions
même nous en passer !

GOUTCHER

Non, messieurs ! c'est impossible !.. Il faut avoir des
témoins qui, au préalable, jugent si un duel est indispensable, et s'ils le jugent tel, règlent les conditions
du combat !

BOURLU

Soit ! j'accepte vos témoins. (bas). Mais ça ne change
rien à ce qui est convenu pour la charge du pistolet ?..

GOUTCHER

Ah ! dam ! cela dépend d'eux... je vais faire mon possible, mais... je ne puis vous assurer...

BOURLU

Ah ! diable !..

GOUTCHER, à Painbis

Et vous, monsieur, acceptez vous les témoins ?

PAINBIS, avec fanfaronnade

Je vous ai déjà dit que cela m'était indifférent... (bas).
Puisque je sais que les pistolets sont chargés à blanc.

GOUTCHER

Ah ! mais, c'est que j'ignore si ces témoins là s'en
arrangeront.

PAINBIS

Ah ! diable !..

SCÈNE IX

RABOT, BOURLU, GOUTCHER, LES DEUX TÉMOINS

Rabot entre avec les témoins. — 1 Rabot, 2 un peu au-dessus les témoins, 3 Goutcher, 4 Bourlu, 5 Painbis.

GOUTCHER, à Bourlu et Painbis

Messieurs, je vous présente ces deux messieurs qui veulent bien se joindre à nous pour vous servir de témoins (désignant un des témoins). Moi et monsieur d'un côté, mon prévôt et monsieur (il désigne l'autre témoin) de l'autre.

RABOT

Très-bien !

GOUTCHER

Choisissez vos témoins.

BOURLU et PAINBIS, ensemble

Je vous choisis, vous !

GOUTCHER

Ah ! permettez !.. je ne puis pas être témoin des deux à la fois !..

RABOT, qui était remonté au fond avec les deux témoins

Tirons à pile ou face. (Il se fouille et demande). L'un de vous a-t-il une pièce de cent sous ?

BOURLU et PAINBIS, ensemble

Voilà! (Painbis tend sa pièce à Goutcher qui la prend. Bourlu tend la sienne à Rabot qui la prend aussi).

RABOT

Il y en avait assez d'une... enfin, abondance de bien ne nuit pas !

GOUTCHER, à Bourlu

Voyons, qu'est-ce que vous demandez pour être avec moi ?

BOURLU

Face !

GOUTCHER, il jette la pièce

C'est face ! vous êtes avec moi !

PAINBIS

Pardon ! mais moi, vous ne m'avez pas demandé ce que je voulais pour être avec vous.

GOUTCHER

Du moment que monsieur a demandé face pour lui,
c'est vous qui avez la pile.

RABOT

Naturellement.

PAINBIS

Mais pourquoi vous êtes-vous adressé à lui le premier ? Si vous vous étiez adressé à moi, je voulais justement demander la face.

GOUTCHER

C'est juste ! nous allons recommencer en désignant
d'avance pour lequel sera la face, et pour lequel sera la
pile.

BOURLU

Oui !

GOUTCHER

Voyons, alors !.. (à Bourlu). Face pour vous ?

BOURLU

Oui, face ! ça m'a déjà réussi... face !..

PAINBIS

Mais, moi, je veux face aussi !..

GOUTCHER

Ah ! pas moyen de s'entendre !.. Alors, tirons d'a-
bord, pour savoir lequel aura droit à face !.. Cela com-
mence à me taquiner !..

BOURLU, à part

Ne perdons pas les bonnes grâces du capitaine (haut).
Bien, capitaine, je cède... j'accepte pile !

GOUTCHER, jette la pièce

Face !.. (à Painbis). Vous êtes avec moi .... (Il va
chercher un témoin et l'amène no 5).

PAINBIS

Ah ! tant mieux !..

RABOT, à Bourlu

Et vous, avec nous ! (Il prend l'autre témoin le place no 2,
lui, reste no 3).

GOUTCHER, à Rabot, bas

Tu sais, il ne faut pas avoir, l'air d'être d'accord. A
partir de ce moment, tu es mon adversaire, fais de l'op-
position à tout ce que je dirai.

RABOT

Soyez tranquille, capitaine, je connais mon affaire.

GOUTCHER, aux adversaires

Voyons, exposez vos griefs ; que les témoins sachent pourquoi vous vous battez.

RABOT

D'abord, lequel est l'offensé ?

PAINBIS et BOURLU, tous deux à la fois

Moi !.,.

RABOT

Alors, vous l'êtes tous les deux ... offensés ?

BOURLU

Monsieur, fait la cour à ma maîtresse.

RABOT

Alors, c'est mon client qui est l'offensé ?

PAINBIS

Monsieur, fait aussi la cour à la mienne.

GOUTCHER

Alors, il n'y a plus d'offensé.

RABOT

Jusques-là, non ! il n'y a pas plus d'offensé pour l'un que pour l'autre !

BOURLU

Seulement, monsieur dit que je fais la cour à sa maî-tresse, et ce n'est pas vrai !..

RABOT

Alors, c'est mon client qui est l'offensé ?

PAINBIS

Mais moi, ce n'est pas vrai non plus.

GOUTCHER

Alors, il n'y a plus d'offensé.

BOURLU

Monsieur, m'a donné un soufflet.

RABOT

Oh ! alors, c'est bien mon client qui est offensé !..

PAINBIS

Mais monsieur, m'en a donné un aussi !

GOUTCHER

Il n'y a encore plus d'offensé.

RABOT

Lequel a commencé ?

BOURLU

Nous l'avons reçu en même temps.

GOUTCHER

Tirons à pile ou face pour savoir lequel sera l'offensé!

RABOT

Qui est-ce qui a une pièce de cent sous ?

PAINBIS

Mais, nous vous avons donné...

RABOT

Ah ! oui, c'est vrai, j'en ai une. ... (Il la retire de sa poche). Vous en avez une aussi, capitaine. (Il remet la sienne dans sa poche). Je mets cela de côté pour si nous avons besoin de recommencer.

GOUTCHER

Voyons !.. (à Painbis). Pile pour que vous ayez le droit de l'offensé !.. Et face (à Bourlu) pour que vous ayez le même droit.

RABOT

Pardon, mon capitaine, au respect que je vous dois... J'ai autant de droits ici, au vis-à-vis de mon client que si j'étais votre égal pour discuter de ses intérêts.

GOUTCHER

C'est parfaitement juste !

RABOT

Alors, pourquoi que vous vous obtempérez le droit dimposer face à mon client quand tout à l'heure encore ça a soulevé une discussion ?

GOUTCHER

Mais, puisque tout-à-l heure il réclamait face.

RABOT

Mais, maintenant, c'est peut-être pile qu'il préfère.

BOURLU

Oh ! ça m'est indifférent ! .

RABOT

Là ! vous voyez-bien !.. Ça lui est indifférent.

GOUTCHER

Eh ! bien ?

RABOT

Eh ! bien, ça lui est indifférent ; mais il aurait pu en être autrement

GOUTCHER

Voyons, nous disons donc pour vous, (à Painbis) face... et pour vous, (à Bourlu) pile... (Il jette la pièce). (à Bourlu). C'est vous qui êtes l'offensé.

RABOT

Je le disais bien, que c'était mon client qui était l'offensé.

GOUTCHER

Quelle arme choisissez-vous ?

RABOT

Pardon, mon capitaine, au respect que je vous dois, j'ai autant de droits ici que si je serais votre égal. C'est donc à moi de consulter mon client.

GOUTCHER

Je ne dis pas non !..

RABOT, à Bourlu

Quelle arme choisissez-vous ?

BOURLU

Le pistolet. (Il montre sa boîte).

RABOT

Mon client choisit le pistolet. (Il sort et revient de suite apportant des pistolets).

GOUTCHER, à Painbis

Acceptez-vous le pistolet ?

PAINBIS

Parfaitement.

GOUTCHER, aux adversaires

Veuillez prendre patience un moment. Nous allons entre témoins régler les conditions du combat. (Un té-

moin, Rabot, Goutcher et l'autre témoin viennent former un groupe
à l'avant-scène. Bourlu et Painbis se tiennent extrême jardin et extrême cour. Les témoins se sont mis en demi-cercle et parlent bas,
très-animés).

PAINBIS, à part, désignant Bourlu

Le duel n'a pas l'air de l'émotionner, et pourtant il
ne sait pas qu'il n'a rien à craindre. (Il disparait un peu
comme ayant l'air de se promener).

BOURLU, à part, désignant Painbis

Le duel n'a pas l'air de lui faire peur et pourtant il
ignore qu'il n'y a pas de danger! (il disparait un peu aussi).
  (Blanche et Reinette paraissent au fond sans être vues des person-
nages en scène).

BLANCHE

Tâchons de savoir comment cela va se passer pour
mon compte-rendu aux journaux. (Elles se dissimulent au
fond).

GOUTCHER

Messieurs... (Tous se remettent en scène dans le même ordre
qu'ils occupaient). Messieurs, vous vous battez au pistolet,
à quinze pas, au visé et l'un après l'autre.

BOURLU

Oh ! à dix pas si l'on veut !.. (à part) puisque les pistolets...

PAINBIS

Quel sangfroid !.. Oh ! la distance m'est indifférente !..
(à part) puisque les armes...

BOURLU

Quel courage !

GOUTCHER

Alors, c'est convenu... à dix pas !..

PAINBIS

Cette faible distance ne m'effraie pas.

BOURLU

Moi non plus. Voici mes armes. (Il donne la boîte).

PAINBIS

On ne se sert donc pas des mêmes . . fournies par
l'établissement ?

BOURLU

Non, monsieur, moi, je me sers des miennes, j'ai l'habitude de mes armes.

PAINBIS

Mais, on n'a pas le droit.. n'est-ce pas vrai, capitaine ?

GOUTCHER

Certainement, ce n'est pas un droit... cependant si les parties adverses y consentent...

PAINBIS

Mais, moi, je n'y consens pas !.. Je ne veux me battre qu'avec les armes de l'établissement.

BOURLU

Moi, je ne veux pas des armes de l'établissement.

PAINBIS, à Goutcher

Voyons, monsieur le capitaine, réglez cela !..

GOUTCHER

Dam ! vous savez... je ne puis rien décider de moi-même... Il faut l'avis des témoins.

RABOT

Nous sommes les offensés ! Nous exigeons qu'on se serve de nos armes !..

PAINBIS

Alors, je ne me bats pas !..

BOURLU

Ah ! je crois que Blanche avait raison quand elle vous disait que vous étiez trop lâche pour vous battre !

PAINBIS

Mais, Rainette vous en a dit autant, à vous !

BOURLU

Oui, mais moi, aujourd'hui, je ne recule pas !

PAINBIS

Je ne recule pas non plus... Seulement, je renonce au duel !

GOUTCHER

Alors, nous n'en sortirons jamais de la vie !..

PAINBIS

Je préfère cela !.. Ne jamais en sortir... de la vie !..

GOUTCHER, à Bourlu

Voyons, vous, monsieur, renoncez à vous servir de vos armes ?

PAINBIS

Jamais !.. au grand jamais !.. J'aime mieux renoncer au duel !..

GOUTCHER, à Bourlu

Alors, vous, servez-vous de vos armes. (à Painbis) Et vous, de celles de l'établissement. (Rabot lui passe un pistolet).

PAINBIS, à part

Ça ne fait pas mon affaire ! . Avec ses armes il peut me tuer, moi, avec celles de l'établissement je ne puis pas lui faire de mal.

GOUTCHER, à Bourlu

Eh ! bien, et vous monsieur, qu'est-ce que vous en dites ?

BOURLU, à part

Je dis, je dis… que lui aura un pistolet à balles, et moi pas !..

GOUTCHER

Allons! messieurs, il faut que vous acceptiez ce que vos témoins ont décidé, puisque vous leur avez donné pleins pouvoirs.Songez que votre honneur en dépend !

PAINBIS, à part

Et dire que j'ai payé pour ça !

RABOT, à Bourlu

Voici votre arme ! . (Il lui donne un pistolet de la boîte de Bourlu).

BOURLU

J'aimerais autant un manche à balais !

GOUTCHER, tendant un pistolet à Painbis

Voici votre arme !..

PAINBIS

Je préférerais une canne !

GOUTCHER

Maintenant, il faut savoir qui tirera le premier.

BOURLU

Oh ! moi, je n'y tiens pas à tirer le premier !...

PAINBIS, à part

Quel courage !.. (haut). Je n'y tiens pas non plus !..

BOURLU, à part

Quel sangfroid !..

PAINBIS, à part

A quoi me servirait de tirer le premier ?

BOURLU, à part

Je n'ai aucun intérêt à tirer avant lui !

GOUTCHER

Voyons... recommençons le tirage.

RABOT

Pardon, capitaine, je ne vois pas pourquoi que c'est toujours vous qui faites les tirages...

GOUTCHER

Ah ! c'est juste !. faites celui-ci, sergent.

RABOT

Puisque c'est vous qui me le demandez, je consens!. Voyons, pile pour notre adversaire et face pour mon client. Celui qui aura face tirera le premier.

GOUTCHER

Eh ! bien, mais alors, pas besoin de tirer, puisque vous dites que face est pour mon client. Et que c'est celui qui aura face qui tirera le premier.

RABOT

Eh ! bien ?..

GOUTCHER

Votre client est sûr de son affaire.

RABOT, se fâchant

Ah! ça, c'est-y que j'ai pas le droit aussi bien que vous de défendre mon client ?

GOUTCHER, même jeu

Si ! mais .. si vous dites des bêtises...

RABOT, même jeu

Des bêtises !.. Ah ! ça, mais, dites donc, vous !..

PAINBIS et BOURLU, intervenant

Messieurs ! messieurs !..

GOUTCHER, se calmant

Voyons, pile pour vous. (Il désigne Bourlu). Face pour vous. (Il désigne Painbis). (Il jette les pièces). Face !..

RABOT

C'est mon client qui tire le premier.

BOURLU

Ça me fait une belle jambe !

GOUTCHER

Comptons les pas... un, deux, trois... quatre, cinq,
six, sept, huit, neuf et dix.

PAINBIS

Vous faites les pas bien petits !

BOURLU

Oui, vous avez les jambes plus longues que ça !..

GOUTCHER

Mais puisque vous disiez tout-à l'heure que la distance
vous était indifférente.

BOURLU

Oui, tout à l'heure, mais à présent...

PAINBIS

Oui, les choses sont bien changées !

GOUTCHER

Mais, messieurs, l'on dirait que vous craignez de vous
battre... Si vous avez peur, il est encore temps !

BOURLU et PAINBIS, ensemble

Peur ?.. Par exemple !..

GOUTCHER, à Bourlu

Renoncez à ce duel si vous voulez !

BOURLU

Renoncer... renoncer... (à part). Je voudrais bien...
mais les journaux !..

GOUTCHER, à Painbis

Et vous ?

PAINBIS

Dam ! renoncer !.. (à part). Je ne demanderais pas
mieux, mais qu'est-ce que les journaux diront de moi?..

GOUTCHER

Eh ! bien, messieurs, renoncez-vous, ou vous battez-
vous ?

PAINBIS et BOURLU, ensemble

Nous nous battons !.. pour qui nous prenez-vous donc ?..

GOUTCHER

Très-bien !.. Alors, messieurs, en place !.. (Il les place).

BOURLU

Quelle position !..

PAINBIS

Quelle situation !..

GOUTCHER

Une... deux... trois... maintenant, messieurs, vous pouvez tirer à volonté.

BOURLU, à part

Puisque mon pistolet n'est pas chargé à balle ce que j'ai de mieux à faire c'est de tirer en l'air, ma générosité l'engagera à en faire autant (il tire) Messieurs, voilà mon opinion en matière du duel !..

PAINBIS, à part

Quel courage ! Puisque mon pistolet est à blanc, j'aurai aussi un beau rôle en faisant comme lui (il tire) Messieurs, mon adversaire a courageusement exprimé son opinion, elle est la mienne je l'exprime aussi.

BOURLU

Quelle générosité !... (Bourlu et Painbis se serrent la main). (Tout le monde se serre la main. — Les deux femmes paraissent).

SCÈNE X

BOURLU, RAINETTE, RABOT, GOUTCHER, BLANCHE, PAINBIS, LES DEUX TÉMOINS au fond

BLANCHE

Très-bien, Alfred ! Vous vous êtes conduits comme deux braves !... cela nous réconcilie avec vous.

RAINETTE

Nous aussi, nous nous sommes battues !

BLANCHE

Nous sommes dignes les uns des autres et les journaux vont enfin parler de nous !

FIN